Peldaños

El clima loco de la Tierra

Cuando el hielo se derritió

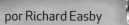
por Richard Easby   ilustraciones de Bob Kayganich

Imagina que viajas en una máquina del tiempo 18,000 años hacia el pasado. Cuando llegas, un viento helado te obliga a ponerte tu abrigo y te entumece la cara. El aire es seco y lleno de un polvo fino. A medida que tus ojos se adaptan a la luz brumosa, divisas un paisaje yermo. Lo único que ves es hielo que se extiende hasta el horizonte. ¡Has aterrizado sobre una **capa de hielo**! Bienvenido a la última glaciación.

En esta época del pasado de la Tierra, aproximadamente un tercio del planeta está cubierto con hielo. Unas cuantas capas de hielo colosales cubren lo que hoy es Canadá y gran parte del norte de los Estados Unidos. El norte de Europa y el norte de Asia también están sepultados bajo capas de hielo. En todos lados el hielo es grueso. Por ejemplo, una capa de hielo de al menos 1,220 metros (4,003 pies) de grosor cubría las montañas de lo que hoy es Vermont.

EL GRAN ENFRIAMIENTO

Los científicos tienen muchas teorías acerca de qué causó el gran enfriamiento. Muchos dicen que la forma de la órbita de la Tierra cambió sutilmente, lo que causó que menos luz solar directa llegara al planeta. Esto cambió el **clima** de la Tierra. Las temperaturas bajaron y la nieve y el hielo se apilaron y formaron capas de hielo. Como las capas de hielo se hicieron más grandes, enfriaron las tierras cercanas y las convirtieron en desiertos helados. A millas de allí, muchos animales vivían en valles poco profundos que estaban protegidos de los vientos gélidos. Quizá reconozcas algunos de estos animales, pero otros son peculiares.

LANUDO Y ABRIGADO

Los mamuts lanudos vivían en la **tundra** fría, plana y sin árboles. Parecían elefantes, pero estaban cubiertos con un pelaje que medía 1 metro (3 pies) de largo. Debajo del pelaje había una capa de lana abrigada y debajo de la piel había una capa de grasa. El pelaje, la lana y la grasa mantenían abrigados a estos animales gigantes.

Los seres humanos de la Edad de Hielo vivían en grupos pequeños en valles fluviales poco profundos. El clima era frío y seco. Había menos plantas para comer. Los seres humanos cazaban manadas de mamuts lanudos, antílopes y otros animales grandes como alimento.

Una tierra más helada

LAS EXCAVADORAS DE LA NATURALEZA Quizá creas que no pasó nada en la Tierra durante esta época. Después de todo, gran parte del terreno estaba sepultado bajo el hielo. Las capas de hielo, sin embargo, no solamente se quedan ahí... ¡se mueven! Las capas de hielo se desplazan lentamente, a veces solo 3 centímetros (1 pulgada) por año. Las capas de hielo también son extremadamente pesadas. A medida que avanzaban, socavaban y desplazaban toneladas de roca y suelo. Estas excavadoras de hielo gigantes remodelaron la tierra reduciendo las cimas de las montañas, ensanchando los valles y descargando enormes cantidades de escombros rocosos.

Alaska y Siberia estaban unidas por un ancho puente de tierra llamado Beringia.

La costa atlántica estaba a más de 100 kilómetros (62 milas) hacia el este de la actual ciudad de Nueva York.

Hace 18,000 años Las capas de hielo habían avanzado a través de gran parte de Norteamérica y Europa, partes de Asia y Sudamérica y toda la Antártida. Aproximadamente el 30 por ciento del suelo estaba cubierto con hielo glacial.

MÁS PROPIEDADES INMOBILIARIAS

La última glaciación también afectó el ciclo del agua de la Tierra. Como refrigeradores gigantescos, las capas de hielo almacenaron más agua de la tierra en forma de hielo, así que los océanos contenían menor cantidad del agua de la Tierra. El nivel de los mares era aproximadamente 120 metros (394 pies) más bajo comparado con la actualidad; había menos océano y más tierra. De hecho, muchos lugares que ahora están separados por el océano estaban conectados en esa época. Se podía caminar de Francia a Gran Bretaña, y Siberia estaba conectada con Alaska. Las personas emigraron a lugares donde los seres humanos nunca habían estado antes, como Norteamérica, Sudamérica y Australia.

En la actualidad

Solo aproximadamente el 10 por ciento del terreno de la Tierra está cubierto con hielo glacial.

Podrías haber caminado entre Francia y Gran Bretaña.

El Sudeste Asiático estaba unido por tierra seca a las islas de Indonesia.

N
O · E
S

Hielo glacial   Tierra expuesta

0   3,000 Millas
0   3,000 Kilómetros

Aumentar la temperatura

Los animales y personas de la Edad de Hielo estaban completamente adaptados a su hogar invernal. Más tarde, hace aproximadamente 12,000 años, el clima de la Tierra comenzó a calentarse. Las enormes capas de hielo se redujeron y se desprendieron durante unos cuantos miles de años. Conforme el agua del hielo que se derretía volvía a llenar los océanos, el nivel del mar subió. Los océanos que se elevaban inundaron los puentes de tierra y separaron grupos de personas, plantas y animales.

EXTINCIÓN MASIVA Muchos animales que habían prosperado en la tundra helada se extinguieron o desaparecieron. Nadie sabe exactamente por qué, pero los científicos tienen unas cuantas teorías. Quizá los alimentos de los animales desaparecieron porque cambió el clima, o quizá los cazaron en exceso.

Hielo glacial · Límites actuales

0   500 Millas
0   500 Kilómetros

Hace 18,000 años Beringia era un puente de tierra que unía Asia con Norteamérica. Por decenas de miles de años, las plantas y los animales se distribuyeron de un lado a otro a través de esta tundra fría y ventosa. Los seres humanos usaron Beringia para cruzar desde Asia hasta Norteamérica y Sudamérica poco antes de que los mares se la tragaran hace 12,500 años.

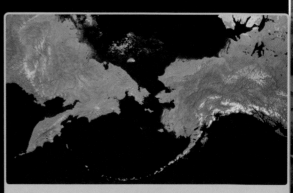

En la actualidad Beringia se encuentra bajo el mar de Bering.

UN MUNDO NUEVO Un paisaje nuevo emergió a medida que el hielo se retiraba. Las capas de hielo en movimiento habían agitado el suelo y las rocas, llevándose consigo escombros rocosos. Conforme las capas de hielo se reducían, sedimentaron o depositaron el material rocoso en grandes montículos y capas profundas. Con el tiempo, los montículos se convirtieron en colinas cubiertas de hierba y las capas de sedimento en los campos agrícolas de la actualidad, como los del Medio Oeste de los Estados Unidos.

Las capas de hielo también labraron características nuevas en el paisaje. Los valles dentados en forma de V se convirtieron en valles suaves y anchos con forma de U. Las colinas y los valles amplios del Distrito de los Lagos de Inglaterra, por ejemplo, son obra del hielo. Algunos valles con forma de U quedaron inundados por los océanos que se elevaron y formaron **fiordos.** Los fiordos pueden encontrarse alrededor de las costas de Noruega, Groenlandia, Alaska y otros lugares.

Glaciares de la Edad de Hielo le dieron forma al Distrito de los Lagos de Inglaterra. Los glaciares ensancharon los valles y el terreno a los pies de las colinas.

Missoula

INUNDACIONES ATERRADORAS

Aunque el derretimiento de la Edad de Hielo fue gradual, a veces causó desastres repentinos, como inundaciones descomunales que se extendieron por Norteamérica.

Las capas de hielo no solo surcan la tierra, también pueden formar enormes **glaciares** que se desprenden. Si uno de estos glaciares cruza un río, puede formar un dique de hielo. Eso es lo que sucedió hace 15,000 años cerca del límite actual entre Idaho y Montana. Un glaciar que medía al menos media milla de alto y aproximadamente 37 kilómetros (23 millas) de ancho contuvo el río Clark Fork. Sin lugar adonde ir, el agua del río llenó los valles cercanos y formó el lago Missoula.

UNA PARED DE AGUA El lago Missoula continuó llenándose hasta que llegó al oeste de Montana. Contenía más agua que el lago Ontario y el lago Erie combinados. ¿Qué crees que sucedió después? El dique de hielo se rompió y liberó una pared descomunal de agua. Si combinaras todos los ríos de la Tierra en un río, imagina cuánta agua podría contener ese río. Diez veces esa cantidad manó del lago Missoula.

El lago glacial Missoula era inmenso. Así es como debe haber sido antes de que el dique de hielo se rompiera.

La poderosa ola tronó hacia el oeste, arrancó millas de roca y formó acantilados y cañones. Torbellinos subacuáticos taladraron pozos en la profundidad del lecho de roca. Inundaciones similares se sucedieron durante los siguientes 2,500 años conforme el lago Missoula se siguió llenando y desbordando.

CAMBIO CLIMÁTICO Los glaciares de la Edad de Hielo y los sorprendentes cambios que produjeron nos recuerdan que los cambios naturales del clima son parte del pasado de la Tierra. Los glaciares de la actualidad están presentes en todos los continentes, excepto en Australia. Y dos vastas capas de hielo todavía cubren la Antártida y Groenlandia. Estos son los restos de las capas de hielo de la última glaciación. ¿Cómo será la Tierra dentro de miles de años? A juzgar por el pasado, una cosa es segura: el clima de la Tierra cambiará.

Las líneas en las colinas que rodean la ciudad de Missoula, Montana, muestran los diferentes niveles del agua del lago Missoula. Las olas recortaron las colinas y dejaron estas líneas. La más alta se sitúa a 290 metros (950 pies) sobre la ciudad.

Compruébalo ¿Qué cambios ocurrieron a medida que el planeta se calentaba y la última glaciación terminaba?

GÉNERO Artículo de Historia

Lee para descubrir sobre el surgimiento y el ocaso de los vikingos de Groenlandia.

El estado del tiempo de los víkíngos

por Stacey Klaman   ilustraciones de Jim Madsen

DEL SIGLO IX AL XI, LAS COSTAS Y LOS RÍOS DE EUROPA ESTUVIERON DOMINADOS POR LOS VIKINGOS.

Los vikingos eran granjeros y pescadores de Dinamarca, Noruega y Suecia que anhelaban riquezas y aventuras. Cuando los grupos de vikingos se reunían como guerreros, ¡cuidado! Se temía a los vikingos por sus ataques violentos a las ciudades. También se los respetaba como comerciantes expertos. De 800 a 1100 d. C., los vikingos se esparcieron por Europa. Construyeron aldeas en las actuales Rusia, Inglaterra, Irlanda, Islandia y Groenlandia.

La historia de los vikingos de Groenlandia comienza con Erik el Rojo. Erik supuestamente estaba proscrito en Islandia por asesinato. Así que en 982 d. C., junto a aproximadamente otros 500 vikingos, se embarcó en busca de una nueva isla sobre la que le habían contado.

Erik y sus vikingos debían navegar aproximadamente 280 kilómetros (175 millas) al oeste para llegar a la isla. Una vez allí, navegaron dentro de un **fiordo** profundo. Era el momento perfecto. Un **clima** más cálido había comenzado a pasar por el hemisferio norte desde hacía nada más que un siglo. Los vikingos encontraron un tiempo benigno en el fiordo, así como suficiente tierra abierta para sustentar su ganado y sus cultivos.

Erik regresó a Islandia unos cuantos años después para convencer a otros vikingos de que se unieran a él en el nuevo territorio, que llamó Groenlandia. ¿Qué podía ser mejor para los habitantes de Islandia que un lugar tan verde como Groenlandia? En el verano de 986, 24 barcos llenos de vikingos zarparon de Islandia para colonizar Groenlandia. Pero al cabo de 475 años, ¿derrotaría el cambio climático a los vikingos de Groenlandia?

Los colonos vikingos descargan sus embarcaciones en la costa de Groenlandia.

Groenlandia es la isla más grande del mundo. Aproximadamente el 80 por ciento de ella yace bajo una **capa de hielo** de unos 3.2 kilómetros (2 millas) de grosor. Tiene una costa montañosa casi sin árboles y se la conoce por sus condiciones frías, casi desérticas. Los vikingos llegaron a Groenlandia durante un período cálido de la historia. Su capa de hielo era ligeramente más pequeña, por lo tanto, había más tierra costera sin hielo.

Los vikingos de Groenlandia construyeron dos asentamientos, el primero estaba en el extremo sur de la isla. Los arqueólogos lo llaman asentamiento oriental. Los vikingos construyeron el asentamiento occidental más pequeño junto a la costa sudoeste.

Ambos asentamientos estaban ubicados junto a los fiordos, a millas del mar. Los fiordos los protegían de los duros vientos y las tormentas marinas. La vida era difícil, pero el clima cálido permitía que los vikingos cultivaran como lo habían hecho en Islandia. Aunque Islandia es más pequeña que Groenlandia, ambas islas tienen terrenos de características similares. Las montañas, los campos de hielo y los fiordos de Groenlandia les deben haber parecido familiares a los recién llegados.

Los vikingos habían construido cientos de granjas hacia el año 1100. Su ganado, cabras y ovejas pastaban todo el año.

Se establecieron rutas comerciales a través de los mares sin hielo. Los vikingos de Groenlandia importaban madera, hierro y herramientas desde Noruega e Islandia. Fue un buen comienzo.

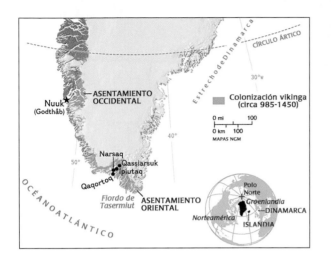

Los vikingos fundaron dos colonias. Ambas estaban junto a la costa cubierta de hierba. Los científicos creen que la población vikinga creció de 4,000 a 5,000 personas.

Leif Erikson Navega a América

El hijo de Erik el Rojo, Leif Erikson, pudo haber sido el primer europeo que llegara a Norteamérica desde Groenlandia... 500 años antes que Cristóbal Colón. Los arqueólogos encontraron los restos de un asentamiento vikingo del siglo XI en Newfoundland, Canadá.

Erikson navegó aproximadamente 2,300 kilómetros (1,430 millas) para llegar a Norteamérica. Por su parte, Colón navegó aproximadamente 6,500 kilómetros (4,040 millas) desde España hasta las Bahamas.

El clima cálido permitió que los granjeros vikingos prosperaran en Groenlandia.

El clima parecía un enemigo poco probable para los resistentes vikingos, pero sufrieron en un medio ambiente que empeoraba. Un clima más frío había regresado al hemisferio norte hacia el siglo XIV. Como resultado, los mares se volvieron más tormentosos y las rutas comerciales desde Noruega e Islandia se volvieron peligrosas. El mar congelado aisló a los groenlandeses de los otros grupos de vikingos por períodos cada vez más largos cada invierno. Sin productos frescos de los barcos comerciales, se hizo más difícil vivir en aislamiento.

Aún así, los vikingos de Groenlandia estaban bien adaptados a la vida en la isla. Los vikingos dependían de la agricultura para su alimentación y se agrupaban para las cacerías anuales de focas en las aguas cerca de la costa. Pero conforme los veranos se hicieron más cortos y fríos, los vikingos no pudieron cultivar suficiente heno para alimentar su ganado en el invierno. Incluso las focas fueron escaseando a medida que las temperaturas bajaron.

Estas son las ruinas de la Iglesia de Hvalsey. Fue la sede de una boda en 1408, el último suceso registrado en la historia de los vikingos groenlandeses.

Los groenlandeses se estaban quedando sin recursos.

Los expertos creen que una escasez de alimentos puede haber obligado a los vikingos a abandonar el asentamiento occidental hacia mediados del siglo XIV. El asentamiento oriental se abandonó hacia principios del siglo XV. Después de más de cuatro siglos, ¿el empeoramiento del clima había conquistado a los vikingos de Groenlandia?

Aspecto de la Iglesia de Hvalsey como debe haber sido hace aproximadamente 800 años.

Reverdecer

Groenlandia está atravesando un cambio climático una vez más. Las temperaturas actuales se aproximan a las temperaturas más cálidas de los primeros tiempos de los vikingos, hace más de mil años. Groenlandia y otros lugares cerca del Polo Norte y del Polo Sur se están calentando aproximadamente el doble de rápido que la mayor parte del mundo. En estos momentos, solo cerca del uno por ciento de Groenlandia puede sustentar la agricultura. A medida que la capa de hielo de Groenlandia se siga reduciendo, más tierra quedará expuesta.

El calentamiento de Groenlandia ha ayudado a los pastores de ovejas del sudoeste del país. Como la temporada de cultivo se extiende cada año, los granjeros ahora apacientan sus ovejas en pastizales que duran todo el año, como solían hacer los vikingos.

Las temperaturas más cálidas también les dan esperanzas a los granjeros. Quieren cultivar suficientes alimentos para que Groenlandia ya no tenga que importar la mayor parte de sus frutas y verduras. Los alimentos importados son caros. Los granjeros de Groenlandia ahora pueden cultivar alimentos como el brócoli y la coliflor, lo que no era posible cuando las temperaturas eran más frías.

En el norte de Groenlandia, sin embargo, las temperaturas más cálidas podrían obligar a un grupo de nativo-americanos llamados inuit a cambiar su estilo de vida tradicional. Los inuit cazan focas, morsas y otros animales del vasto mar para sobrevivir. A medida que la capa de hielo se reduce, los animales migran a nuevos lugares. Esto hace que los viajes de caza sean mucho más difíciles.

La mayoría de los groenlandeses son descendientes de los inuit y los inmigrantes europeos que vinieron después de los vikingos. Con una población de menos de 60,000 habitantes, todos los groenlandeses tendrán que adaptarse. El clima más cálido traerá nuevas oportunidades y desafíos para todos.

El groenlandés Sten Pedersen cosecha repollo a solo 19 kilómetros (12 millas) del borde de la capa de hielo. Las temperaturas más cálidas han alentado a los granjeros a probar nuevos cultivos, como el repollo.

Un granjero de Groenlandia arrea ovejas cerca de Qassiarsuk, donde Erik el Rojo criaba ganado hace mil años.

¿Qué se puede aprender sobre el cambio climático de las experiencias de los vikingos en Groenlandia?

La helada EUROPA

por Stacey Klaman

Una imagen vale más que mil palabras: eso es lo que los expertos pensaban mientras estudiaban la Pequeña Edad de Hielo, un período de la historia climática de la Tierra que duró 550 años. Junto con la evidencia científica de muestras de hielo y el crecimiento de los anillos de los árboles, los investigadores estudiaron pinturas de este período. Observa esta pintura. ¿Qué ves? La nieve cubre el suelo y los techos bajo un helado cielo azul. A la distancia, hay personas que patinan sobre estanques congelados mientras alguien que lleva leña cruza un puente. Es una escena invernal de un pasado distante.

Los cazadores en la nieve, 1565

Pieter Bruegel el Viejo pintó esta escena de la vida cotidiana en la década de 1560. La pintura representa uno de los primeros inviernos adversos de la Pequeña Edad de Hielo. Las temperaturas eran apenas un poco más frías que las actuales, pero esta diferencia tuvo un gran impacto. Los inviernos europeos se volvieron brutalmente fríos. Los veranos se hicieron más húmedos y cortos, lo que llevó a malas cosechas y hambrunas o escasez de alimentos. Sin suficientes alimentos, los europeos sufrieron desnutrición. Tenían un riesgo mayor de enfermarse. Los esqueletos desenterrados en cementerios muestran que la estatura promedio de los hombres bajó 6.35 centímetros (2 pulgadas y $\frac{1}{2}$) durante los siglos XVII y XVIII.

Congelados EN EL TIEMPO

El clima no fue lo único que cambió en el siglo XVI. El arte también estaba cambiando. Hasta entonces, la mayoría de los artistas pintaba temas religiosos. A partir del siglo XVI, los artistas también pintaron lo que veían a su alrededor. Estas escenas del pasado nos muestran cómo era la vida durante la Pequeña Edad de Hielo, mucho tiempo antes de que existiera la fotografía.

Escena invernal con patinadores en hielo, c. 1608

El artista holandés Hendrick Avercamp pintó esta escena invernal en Holanda a comienzos del siglo XVII. ¿Cómo representó el artista la vida durante la Pequeña Edad de Hielo? Grises pálidos y azules acerados le dan a la escena un aire triste e invernal. Unos cuantos barcos están atrapados en el hielo, pero las personas pasean por ahí y usan el canal congelado como calle. Compara la escena con la vida actual. ¿Qué te parece inusual?

Parte de una laguna que se congeló en 1708, Venecia, Italia

Durante el invierno de 1708 a 1709, se dice que una duquesa francesa escribió sobre la Gran Helada, el invierno más frío de Europa en 500 años. Lo describió como el invierno más severo que había vivido. No exageraba. Europa se convirtió en un continente helado, pues lagos y ríos se congelaron. El ganado moría de frío en los pastizales y los marineros morían de frío en el mar. El artista Gabriele Bella capturó la Gran Helada en esta pintura, que muestra la laguna de Venecia, Italia, congelada.

La feria sobre el Támesis, 4 de febrero de 1814

Durante la Pequeña Edad de Hielo, algunos inviernos fueron tan fríos que el río Támesis se congelaba. Cada vez que esto ocurría, los habitantes de Londres organizaban una feria helada sobre el hielo. Un oficial del ejército inglés describió la última feria helada, que se realizó en 1814. "La gente se desplazaba sobre el río por lo que se lo llamó Calle Congelada... Había columpios, puestos de libros, pistas de bolos, tiendas de juguetes, casi todo lo que se puede encontrar en una feria común". Esta ilustración de Luke Clennell muestra cómo los londinenses disfrutaban de la feria.

¿Qué causó LA PEQUEÑA EDAD DE HIELO?

Muchos científicos creen que la Pequeña Edad de Hielo tuvo múltiples causas. Creen que fue el resultado de una "tormenta perfecta" de sucesos que involucró volcanes, banquisa y corrientes marinas.

Volcanes Los científicos creen que un período de 50 años de erupciones volcánicas colosales lanzaron a la atmósfera una enorme cantidad de **aerosoles** volcánicos o partículas que bloquean el sol. Los aerosoles pudieron haber evitado que parte de la energía del Sol llegara a la superficie de la Tierra y esto diera como resultado un planeta más frío. La diferencia de temperatura pudo haber originado una cadena de sucesos que comenzó con la banquisa.

Banquisa La cantidad de banquisa en el Ártico aumentó y flotó hacia el sur junto a la costa de Groenlandia. Cuando llegó a las aguas más cálidas del Atlántico Norte, la banquisa se derritió.

La banquisa es agua dulce congelada. El agua dulce es menos densa, o más liviana, que el agua salada, por lo tanto, cuando la banquisa se derritió, el agua dulce debió haber permanecido en la superficie. El Atlántico Norte completo pudo haber quedado cubierto con una capa de agua dulce fría. La capa pudo haber alterado las corrientes marinas.

Corrientes marinas Las corrientes marinas desplazan agua por todo el planeta. El agua fría se desplaza hacia el sur conforme el agua cálida se desplaza hacia el norte. La temperatura del océano influye en la temperatura del aire que lo rodea. Por eso es que si se vive cerca de una corriente de agua cálida se tendrá inviernos más benévolos, como los que se experimentan en el norte de Europa. Por lo tanto, las corrientes marinas deben haber cambiado y hecho que Europa fuera más fría.

Los científicos creen que las erupciones volcánicas en Islandia pueden haber originado la Pequeña Edad de Hielo. En esta ilustración, el artista sueco Olaus Magnus (1490–1558) representa varias erupciones islandesas. ¿Qué cree el artista que las causó? ¿Qué te muestra sobre las ideas que se tenían acerca de los volcanes a comienzos del siglo XVI?

El monte Pinatubo es un volcán en las Filipinas. Cuando entró en erupción en 1991, lanzó millones de toneladas de ceniza y gas a 34 kilómetros (22 millas) en el aire. La ceniza y el gas dieron la vuelta al mundo. Como resultado, la temperatura de la Tierra bajó aproximadamente 0.5 °C (1 °F) durante los dos años siguientes.

El agua dulce y fría de la banquisa derretida cambió las corrientes marinas. Ahora fluía menos agua cálida hacia el norte, a Europa. Las temperaturas oceánicas más frías cambiaron el clima. Los europeos comenzaron a experimentar veranos más frescos e inviernos más fríos. Las temperaturas más frías produjeron incluso más banquisa ártica. El ciclo continuó por siglos.

La Pequeña Edad de Hielo tuvo un efecto importante en el norte y el centro de Europa. Lo que sea que haya causado la Pequeña Edad de Hielo, la evidencia de su impacto se encuentra en lugares sorprendentes, desde restos óseos hasta obras de arte famosas.

Compruébalo   ¿Qué creen los científicos que causó la Pequeña Edad de Hielo?

El rompecabe

por Robert Phalen

Es el año 2384 d. C. La bandera de los Estados Unidos de tu escuela tiene cuarenta y seis estrellas en lugar de cincuenta. Tu libro de historia menciona países anegados y ciudades hundidas como Londres, Berlín, Roma, Sídney, Buenos Aires, Beijing y Tokio. Sus nombres te resultan conocidos, pero los olvidas rápidamente. Después de todo, ahora esos lugares son solo ruinas subacuáticas llenas de peces.

Tu libro de historia también menciona las ciudades de Nueva York, Boston, Los Ángeles, San Francisco, Seattle, Houston y otras que estaban en los Estados Unidos. Ninguna de ellas existe ahora, pero algunos de tus ancestros provenían de esos lugares. En tu libro, lees que alguna vez existió un Estado que se proyectaba hacia afuera en la costa este. Era parte de algo llamado golfo de México.

¿Podría la Tierra cambiar tanto en solo unos cientos de años? El cambio del **clima** está sucediendo ahora, y los mares que se elevan son solo la punta del iceberg. (Los icebergs no existen en 2384). ¿Cuál es el pronóstico para los próximos siglos y cómo nos adaptaremos?

Unos buzos exploran las ruinas de un templo antiguo cerca de la costa de Alejandría, Egipto. El templo solía mirar hacia la ciudad perdida de Herakleion. La elevación de los niveles del mar, los terremotos y los tsunamis hundieron la ciudad hace más de mil años. Partes de la cercana Alejandría sufrieron el mismo destino.

El cambio climático ha ocurrido muchas veces antes. El planeta ha sido tanto más cálido como más frío de lo que es ahora. Los cambios climáticos del pasado se originaron por causas naturales como las erupciones volcánicas y pequeños cambios en la órbita de la Tierra.

Pisar el acelerador

La mayoría de los científicos del clima están de acuerdo con que gran parte del cambio climático actual se debe a las actividades del ser humano. Agregamos una gran cantidad de gases de efecto **invernadero** al aire cuando quemamos combustibles fósiles. Los gases de efecto invernadero son parte de la atmósfera de la Tierra. Ellos producen el efecto invernadero, lo que hace que nuestro planeta sea acogedor. Sin estos gases, la Tierra sería muy fría para la vida como la conocemos.

Pero demasiados gases de efecto invernadero en la atmósfera capturan mucho calor y elevan la temperatura global. Esto se llama **calentamiento global,** y está sucediendo ahora. Incluso si dejáramos de usar combustibles fósiles mañana mismo, la Tierra continuaría calentándose.

Una tormenta eléctrica supercelda cerca de Medicine Lodge, Kansas, produce granizo del tamaño de pelotas de béisbol. El estado del tiempo severo ocurrirá con más frecuencia a medida que el planeta se caliente.

En cierto grado, es el futuro

¿Te imaginarías que las montañas Rocosas influyen en el clima de Noruega? Las montañas dirigen masas de aire hacia el Sur, donde absorben calor y humedad antes de dirigirse a Noruega. Sin las montañas Rocosas, Noruega sería de 5 a 10 °C (de 9 a 18 °F) más fría. El clima de la Tierra requiere millones de estas interacciones. Por eso es difícil predecir el clima del futuro y hacerlo de manera exacta.

Los científicos del clima usan supercomputadoras gigantes para hacer predicciones. Estas máquinas hacen más de mil millones de millón de cálculos por segundo (mil millones de millón = 1,000,000,000,000,000). En 2012, los ingenieros construyeron una supercomputadora llamada Yellowstone, que ayudará a los científicos a generar modelos climáticos más precisos. Las predicciones climáticas más recientes muestran un aumento de la temperatura de 1.4 a 5.6 °C (de 2.5 a 10 °F) en los próximos 100 años.

Un ingeniero instala parte de la supercomputadora Yellowstone, ubicada en Cheyenne, Wyoming. Imagina que cuentas todos los granos de arena de todas las playas del mundo: ¡esos son todos los cálculos que puede hacer en una hora!

Más agua, menos tierra

A medida que se elevan las temperaturas del aire, se elevan los niveles del mar. Desde 1880, los niveles marinos globales se han elevado aproximadamente 20 centímetros (8 pulgadas). Conforme ascienden los océanos, tragan más tierra. Para cuando tengas la edad de jubilarte, el océano podría estar 1 metro (3 pies) sobre el nivel presente. Si eso sucediera, las ciudades que están a bajo nivel, como Miami y Nueva Orleans, deberían ser abandonadas.

¿Qué hace que se eleven los niveles del mar? No es el derretimiento del hielo que flota en el mar. No, el verdadero culpable es el hielo en la tierra. El derretimiento de los **glaciares** y las **capas de hielo** agregan más agua al océano.

La mayor parte del hielo en la tierra está recluido en las capas de hielo de Groenlandia y la Antártida. Estos bloques enormes de hielo contienen más del 99 por ciento del agua dulce de la Tierra. Ambas capas de hielo, sin embargo, se están achicando. Si la capa de hielo de Groenlandia se derritiera completamente, haría que los niveles del mar se elevaran aproximadamente 6 metros (20 pies). ¿Y si ambas capas de hielo se derritieran? Los científicos creen que el océano se elevaría 70 metros (230 pies). Por suerte el derretimiento completo no sucederá pronto.

Aún así, una leve elevación puede causar grandes problemas. Casi la mitad de la población del mundo vive cerca del océano. El agua marina salada puede destruir hábitats y contaminar el agua potable. Los niveles marinos altos significan que olas poderosas producirán inundaciones importantes en áreas bajas. ¿Toda esta desolación y espanto tienen un lado positivo? Depende de dónde vivas. Las ciudades sin salida al mar tendrán grandes vistas del océano en unos cientos de años.

Conmoción oceánica

El calentamiento global también está calentando el agua del océano. El agua más cálida amenaza los arrecifes de coral, que están en peligro.

La banquisa que se derrite rápidamente es una amenaza para muchos animales polares. Ella les brinda a los pingüinos emperadores un lugar para cazar, reproducirse y alimentarse. La supervivencia de los animales polares dependerá de qué tan bien se adapten al aumento de las temperaturas y a la disminución de la banquisa.

Una familia observa cómo las olas de una tormenta amenazan su casa en el este de Carolina del Norte. El aumento de los niveles del mar hace que las áreas costeras bajas sean más vulnerables a las tormentas oceánicas.

Este mapa muestra qué le sucedería a los Estados de la costa este y la costa del golfo si el mar se elevara aproximadamente 70 metros (230 pies). ¿Podría suceder? Solo si las capas de hielo de Groenlandia y la Antártida se derritieran por completo.

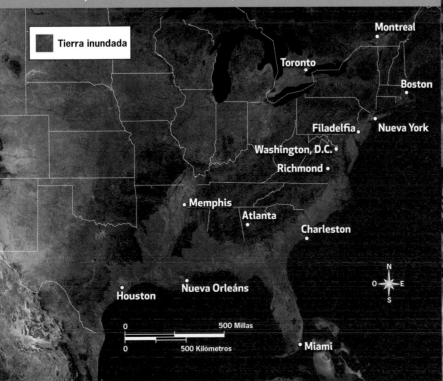

Tierra inundada

Montreal

Toronto

Boston

Filadelfia • Nueva York

Washington, D.C. •

Richmond •

• Memphis

Atlanta

Charleston

N
O · E
S

Houston • Nueva Orleáns

0   500 Millas

0   500 Kilómetros

• Miami

La Tierra 2.0

¿Qué sucederá si el calentamiento global continúa sin obstáculos? En la actualidad, Memphis está aproximadamente a 1,160 kilómetros (720 millas) de la costa. Adelantémonos al año 2384. La Tierra quizá sea tan diferente, que un aviso diría: "¡Ven a ver el mar a Memphis, Tennessee!". ¿De qué otra manera puede ser diferente la Tierra en 2384 o antes?

En movimiento

El calentamiento global sin obstáculos producirá cambios radicales a la vida en el planeta. Las poblaciones de plantas y animales deberán emigrar constantemente para ir a la par del clima cambiante. Muchas especies no podrán adaptarse a los medio ambientes más calurosos, secos o húmedos. Por ejemplo, los osos polares, los pingüinos y los bosques de secuoyas podrían extinguirse. Les parecerán tan extraños a los habitantes de 2384 como los mamuts lanudos a nosotros en la actualidad. Por suerte, muchos de los animales y las plantas de la Tierra sobrevivirán al cambio climático, y algunos incluso prosperarán.

Los seres humanos también deberán emigrar. El número de "refugiados climáticos" se disparará y los que viven en las regiones menos afectadas deberán compartir sus recursos.

Tiempo bravío

Los huracanes, los tornados y otras formas de tiempo bravío serán mucho más comunes. El planeta ya está experimentando estados del tiempo más extremos. Si el calentamiento global continúa, el estado del tiempo se volverá más extraño. Los científicos del clima predicen primaveras y otoños más húmedos y veranos e inviernos más secos en los EE. UU. El sudoeste de los Estados Unidos se volverá más árido e incluso más caluroso. Hacia 2384, podría ser un desierto abrasador. La escasez de agua obligaría a la mayoría de las personas que viven allí a reubicarse.

Fracaso de los cultivos

El estado del tiempo extremadamente húmedo y seco será perjudicial para los cultivos. Las sequías, los insectos y las enfermedades de las plantas podrían causar hambrunas o escasez de alimentos generalizada. Por otro lado, las plantas tendrán un período de cultivo más largo. Las personas quizá tengan que cultivar tipos nuevos de cultivos que puedan sobrevivir esos peligros.

El cambio climático no es nada nuevo, pero las actividades humanas ahora contribuyen a él. El ritmo del cambio climático también es más rápido de lo normal. Los científicos del clima todavía luchan por comprender sus efectos. Mientras tanto, el futuro es incierto.

A medida que los hábitats se derriten, los osos polares pasan hambre por períodos más extensos.

Si los seres humanos pueden ayudar a reducir el ritmo del calentamiento global, los efectos del cambio climático serán mucho menos severos en los años venideros.

Compruébalo ¿Cómo puede afectarte el cambio climático durante tu vida?

Comenta

1. ¿Qué conexiones puedes establecer entre las cuatro lecturas de *"El clima loco de la Tierra"*? ¿Cómo se relacionan las lecturas?

2. Usa información específica de "Cuando el hielo se derritió" para explicar cómo la última glaciación afectó el ciclo del agua de la Tierra.

3. ¿Cómo crees que el clima de Groenlandia puede haber "vencido" a los vikingos de Groenlandia?

4. Compara y contrasta las causas y los efectos de los cambios climáticos en "La helada Europa" y "El rompecabezas climático". ¿Qué revelan sobre la conexión entre el estado del tiempo y el clima?

5. ¿Qué te sigues preguntando sobre el clima loco de la Tierra? ¿Cuáles serían buenas maneras de buscar más información?